COMMUNE DE ROMAINVILLE

Bibliothèque Municipale populaire

CATALOGUE MÉTHODIQUE

1er Octobre 1882

PARIS

TYPOGRAPHIE ET LITHOGRAPHIE DE Vᵉ RENOU, MAULDE ET COCK

Rue de Rivoli, 144

COMMUNE DE ROMAINVILLE

Bibliothèque Municipale populaire

CATALOGUE MÉTHODIQUE

1ᵉʳ Octobre 1882

PARIS

TYPOGRAPHIE ET LITHOGRAPHIE DE Vᵉ RENOU, MAULDE ET COCK

Rue de Rivoli, 144

1re PARTIE

SCIENCES MORALES ET POLITIQUES

SÉRIES 1 ET 2
Études philosophiques, sociales et politiques

NOTA. — *Les chiffres de la colonne de gauche sont les numéros de série, et les chiffres de la colonne de droite sont les numéros d'inscription.*

1	Descartes	Œuvres choisies	841
2	Pascal	Pensées	121
3	Fénelon	L'existence de Dieu démontrée (extrait par JEANNET)	241
4	Ch. Desouches	Études élémentaires, politiques, sociales et philosophiques, dédiées aux ouvriers des villes et des campagnes	391
5	Franklin	Écrits populaires choisis (in-16)	130
6	Id.	Essais de morale et d'économie politique	333
7	Id.	Mémoires (trad. LABOULAYE)	210
8	Channing	Œuvres sociales (trad. LABOULAYE)	
9	Jules Simon	Le Devoir	
10	Id.	La Liberté de conscience	
11	Legouvé	Histoire morale des femmes	
12	Stahl	La Morale familière	1321
13	Smiles	Self-Help	1322

HORS SÉRIE

	Le Sauveteur (une année)	237

SÉRIE 3
Législation

1	Cadet..............	Dictionnaire de législation usuelle.....	52
2	Périssat..............	Petites leçons de droit..............	214
3	Anonyme..............	Nouvelle organisation militaire de la France........................	215
4	Deslignières et Lambert.	Petit code rural des contributions directes........................	216
5	Blanche..............	Actes de l'état civil..............	11
6	Anonyme..............	Recueil de lois et décrets sur l'administration communale et départementale (Imprimerie municipale)......	1028

SÉRIE 4
Enseignement

1	Corbon..............	L'enseignement professionnel.........	296
2	Amiel..............	Le livre des adultes..............	840
3	Defodon et Ferté......	Expositions scolaires départementales de 1868...........	56
4	M. Bréal..............	L'instruction publique en France......	1149
5	J. Simon..............	L'École....................	1148
6	Jean Macé..............	La demi-instruction..............	433
7	Émile Lefèvre..........	Pauvre Jacques..............	533
8	Id.	Ce que sont nos écoles..............	422

4° SÉRIE (suite)

9	Camille Sée............	Rapport sur l'enseignement des jeunes filles........................	639
10	Ministère de l'Instruction publique............	Catalogue d'ouvrages de lecture, 1ᵉʳ fascicule........................	733
11	Id.	Catalogue d'ouvrages de lecture, 2ᵉ fascicule........................	1027

HORS SÉRIE

Journal de l'Instruction primaire....................................	»
L'Écho de la Sorbonne (leçons aux jeunes filles), 12 vol. (in-4°)............	851-862
Bulletin de la société Franklin (quelques années seulement)...............	»
Ligue de l'Enseignement : Compte-rendu des travaux du cercle parisien de la ligue de l'enseignement.....................................	970-974
Statistique de l'Instruction primaire, par J. Manier (in-folio).............	821

SÉRIE 5

Économie politique, privée, rurale, industrielle et commerciale

1	Mad. Carraud	Les veillées de maître Patrigeon	279
2	Block	Petit manuel d'économie pratique	280
3	Bastiat	Ce qu'on voit et ce qu'on ne voit pas	284
4	E. About	ABC du travailleur	513
5	Baudrillart	Économie politique populaire	»
6	Benjamin Templar	Simples leçons d'économie sociale	838
7	De Taillandier	Assurances populaires	127
8	Desmarets	Sociétés de secours mutuels	57
9	E.-A. de l'Étang	L'Épargne ou la puissance des gros sous	53
10	Barrau	Conseils aux ouvriers sur les moyens d'améliorer leur condition	330
11	Périssat	Entretiens sur l'économie rurale	281
12	P. E. C.	Du rôle des femmes dans l'agriculture	51
13	Eug. Véron	Les associations ouvrières de consommation, de crédit et de production en Angleterre, en Allemagne et en France	935
14	Schulze-Delitzsch	Manuel pratique pour l'organisation et le fonctionnement des Sociétés coopératives de production	392
15-19	Thévenin	Association polytechnique (cours d'économie industrielle) :	
		(15-17) séries 1re à 3e	1014-1016
		(18) 5e série	1017
		(19) 7e d°	1018
		(Manquent les séries 4e et 6e)	
20	Block	La France	1323
21	Id.	Le Département	1324
22	Id.	La Commune	1325
23	Id.	Le Budget	1326
24	Id.	L'Impôt	1327

2ᵉ PARTIE

HISTOIRE ET GÉOGRAPHIE

SÉRIE 6

Études diverses, générales, universelles, Religions, Mythologies

1	Grégoire............	Dict. classique d'hist. géogr., biographie, mythologie.......................	919
2	Bouillet.............	Dict. universel d'histoire et de géographie......................	26
3	Aug. Thierry.........	Dix ans d'études historiques.........	717
4	Le Maistre de Sacy.....	Ancien et nouveau Testament........	235
5	Bossuet.....	Discours sur l'histoire universelle.....	17
6	P. Pierret............	Petit manuel de mythologie..........	189

SÉRIE 7
Temps antiques

1	L. Figuier............	L'homme primitif.................	1020
2	A. Maury.............	La terre et l'homme..............	1233
3	Maspéro........... ..	Histoire ancienne des peuples de l'Orient	236
4	Rabbinovicz..........	Histoire sainte (anc. Testament)......	532
5	Duruy...............	L'Histoire sainte d'après la Bible......	234
6	Hérodote.............	Histoires.........................	1209
7-8	Plutarque............	Hommes illustres de la Grèce, 2 vol...	370-371
9-10	Id.	Hommes illustres de Rome, 2 vol.....	372-373
11-16	V. Duruy.............	Histoire des Romains, 6 vol.........	1098-1103
17-18	Jules César..........	Commentaires, 2 vol................	1156-1157
19	Gauldrée Boilleau......	L'Administration militaire dans l'antiquité.......................	163
20	Anonyme.............	La Gaule et les Gaulois.............	297
21	François Monnier.......	Vercingétorix et l'Indépendance gauloise	178

SÉRIE 8
Moyen-âge et temps modernes

1	Duruy................	Histoire du moyen-âge............	1133
2-7	Michaud.............	Histoire des Croisades, 5 vol........	727-732
8	Duruy................	Histoire des temps modernes........	1134
9	Michelet.............	Précis de l'histoire moderne........	246
10	Nisard...............	Études sur la Renaissance.........	734

SÉRIE 9
Histoires de France générales

1-6	Henri Martin.........	Histoire de France populaire, 6 vol., 1-5	141-145
		Id. Id. 6ᵉ vol....	1136
7-11	Guizot...............	Histoire de France racontée à mes petits enfants (jusqu'en 1789), 5 vol.	1070-1074
12-13	Id.	De 1789 à 1848, 2 vol.............	1104-1105
14-21	Chalamel............	Mémoires du peuple français, depuis son origine jusqu'à nos jours, 8 vol.	927-934
22	Ducoudray...........	Cent récits d'Histoire de France......	203
23	Kleine...............	Histoire de France................	35

9ᵉ série (*suite*)

24	Desjardins	États généraux	199
25	Aug. Thierry	Essais sur l'histoire de la formation et des progrès du Tiers-Etat	720
26	Id.	Lettres sur l'histoire de France	716

SÉRIE 10

Époques diverses de l'Histoire de France. Épisodes, Biographies nationales

1-2	Aug. Thierry	Récits mérovingiens	718-719
3	Joinville	Histoire de Saint-Louis	153
4	Gœpp	Bertrand Duguesclin, Bayard	228
5	Le loyal serviteur	Histoire de Bayard	76
6-8	Froissart	Chroniques, 3 vol.	184-186
9-10	Pasquier	Œuvres choisies, 2 vol.	173-174
11-12	De la Fontenelle de Vaudoré	Histoire d'Olivier de Clisson, connétable de France	925-926
13	De Barante	Histoire de Jeanne d'Arc	6

10ᵉ SÉRIE (*suite*)

14	Pierre Clément	Jacques Cœur et Charles VII; administration, finances, industrie, commerce, lettres et arts; précédé d'une étude sur la valeur des anciennes monnaies françaises	843
15	Michelet	Louis XI et Charles le Téméraire	1135
16-19	Montluc	Commentaires, en 4 vol	1189-1192
20-21	Eudel du Gord	Recueil de fragments historiques sur les derniers Valois	197-198
22	De Lescure	Henri IV	180
23	Napoléon	Mémoires de Turenne	123
24	Corne	Le Cardinal Mazarin	1312
25	Voltaire	Siècle de Louis XIV	99
26	Maréchal de Berwick	Mémoires (jusqu'en 1716)	1158
27-39	Saint-Simon	Mémoires, 13 vol	1159-1171
40	Barrau	Histoire de la Révolution française	944
41-49	Michelet	Révolution française, 9 vol	1049-1057
50	Michel Nicolas	Jean-Bon St-André : sa vie et ses écrits	414
51	Gœpp	Kléber, Desaix, Hoche, Marceau, Daumesnil	227
52	E. de Bonnechose	Lazare Hoche	1318
53-55	Lamartine	Histoire des Girondins, 3 vol	940-948
56	C. Rousset	Les Volontaires (1791-1794)	679
57-59	Napoléon	Campagnes d'Italie, d'Egypte et de Syrie, 3 vol	1193-1195
60-61	Thiers	Révolution française, 2 vol	758-759
h. s.	Id.	Atlas de la Révolution française	779
62	Id.	Consulat	90
63-66	Id.	Empire, 4 vol	91-94
h. s.	Id.	Atlas du Consulat et de l'Empire	95
67	Fezensac	Souvenirs militaires de 1804-1814	681
68-69	Jurien de la Gravière	Guerres maritimes sous la République et sous l'Empire, 2 vol	343-344
70	Kleine	Récits d'histoire contemporaine	149
71-78	Vaulabelle	Histoire des deux Restaurations, 8 vol	692-699
79-83	Louis Blanc	Histoire de 10 ans (règne de Louis-Philippe), 5 vol	1041-1045
84-86	Regnault	Histoire de 8 ans (suite à l'ouvrage de Louis Blanc), 3 vol	1046-1048
87-89	Daniel Stern	Révolution de 1848, 3 vol	1024-1026
90-95	Taxile Delord	Histoire du second empire, 6 vol	721-726
96	About	Alsace (1871-1872)	1319
97	Jules Simon	Origine et chute du second Empire	844
98	Id.	Gouvernement de la Défense nationale	845
99-100	Id.	Gouvernement de M. Thiers, 2 vol	1035-1036
101	Sarcey	Le siège de Paris	273
102	Fabre Massias	Précis de la guerre franco-allemande	317

10ᵉ SÉRIE (*suite*)

103	Vallery Radot	Journal d'un volontaire d'un an	282
104	Mad. Boissonnas	Une famille pendant la guerre	680
105	Anonyme	Gambetta : 1869-1879	546
106	Dalsême	Le siège de Bitche	1320
107-108	De Barante	Etudes historiques	191-192
109	Villemain	Vie de l'Hôpital	1313
110	Legouvé	Sully	1314
111	Corne	Cardinal de Richelieu	1316
112	Ch. de Bonnechose	Montcalm et le Canada français	1317
113	Gœpp	Les Marins, 1ᵉʳ vol	209
114	Id.	Id. 2ᵉ vol	226
115	Id.	Du Quesne, Tourville	229
116	Id.	Jean-Bart, Duguay-Trouin, Suffren	230

SÉRIE II

Peuples étrangers — Histoires — Épisodes — Hommes illustres

1	Voltaire	Histoire de Charles XII	98
2	De Parieu	Hist. de Gustave-Adolphe, roi de Suède	201
3	Lebrun	Aventures et conquêtes de Fernand Cortez au Mexique	242
4-5	Lacombe	Petite histoire d'Angleterre, 2 vol. (in-16)	301-302
6	Roy	Histoire de Marguerite d'Anjou, reine d'Angleterre	551
7	Id.	Illustrations de l'histoire d'Angleterre	552
8	Guizot	Guillaume le Conquérant	288
9-12	Aug. Thierry	Conquête de l'Angleterre, 4 vol.	712-715
13	Fleury	Histoire d'Angleterre	1138
h. s.	Mad. de Witt	Histoire d'Angleterre, 2 vol. (in-4°)	1078-1079
14	Mignet	Vie de Franklin	129
15	Mad. Lee Childe	Le général Lee	303
16	Rambaud	Histoire de la Russie	1139
17-18	La Vallée	Histoire de la Turquie, 2 vol.	1125-1126
19	Schiller	Guerre de Trente ans	1137

SÉRIE 12
Traités de Géographie

1	Cortambert.........	Petit Atlas..................	49
2	Id.	Le Globe illustré............	1124
3	Kleine...............	Les Richesses de la France........	150
4	Levasseur...........	La France et ses Colonies.........	44
5-6	Onésime Reclus.......	La Terre à vol d'oiseau, 2 vol......	338-339
h. s.	Élysée Reclus.........	Nouvelle Géographie univ^{lle}, vol. 1-5.	1003-1007
h. s.	Id.	Id.　　id.　　id.　　vol. 6..	1096
h. s.	Joanne...............	Géographie de la Seine............	1188
h. s.	Id.	Géographie des Départements (1 vol. par département)...	1239-1301

SÉRIE 13
Voyages d'exploration — Voyageurs et Marins

1	J. Hayes	La Mer libre du pôle	157
2	Livingstone	Explorations dans l'Afrique australe	217
3	Stanley	Comment j'ai retrouvé Livingstone	222
4	Dupin-Saint-André	Livingstone. Histoire abrégée de sa vie	262
5	Lebrun	Voyages et Aventures du capitaine Cook	253
6	Irwing	Voyages et Aventures de Christophe Colomb	259
7	Lamartine	Christophe Colomb	212
8	M. et Mad. Agassiz	Voyage au Brésil	218
9-10	Anonyme	Abrégé de tous les Voyages autour du Monde, depuis Magellan jusqu'à d'Urville et Laplace, 2 vol	232-233
11	Joubert	Dumont d'Urville	527
12	Speke	Les Sources du Nil (abrégé)	632
13	Maxime du Camp	Le Nil, Égypte et Nubie	690
14	Francis Hall	Deux ans chez les Esquimaux	646
15	Vast	Vasco de Gama et Magellan	1331
16-17	Jules Verne	Découverte de la Terre. Histoire des grands Voyages et des grands Voyageurs, 2 vol	774-775
18-19	Id.	Les Navigateurs du XVIIIe siècle, 2 vol	768-769
20	Deville	Excursions dans l'Inde	1144
21	Nordenskjold	Lettres sur la découverte du passage du Nord-Est	1328
22	Soleillet	Voyages dans le Sahara et le Soudan	1329
23	J.-B. de Lesseps	Du Kamtchatka à Paris	1330

SÉRIE 14
Mœurs, coutumes, institutions
1° FORMAT IN-12

1	Vambéry...............	Voyage d'un faux derviche dans l'Asie centrale......................	219
2-4	De Beauvoir...........	Voyage autour du Monde. 1er vol., l'Australie; 2e vol., Java, Siam, Canton; 3e vol., Pékin, Yeddo, San-Francisco......................	356-358
5	Maxime du Camp.......	En Hollande..................	803
6-7	Havard...............	La Hollande pittoresque, 2 vol........	361-362
8-9	Le père Huc..........	Souvenirs d'un Voyageur dans la Tartarie et au Thibet, 2 vol..........	364-365
10-11	Id.	L'Empire chinois (ouvrage faisant suite au précédent), 2 vol...........	942-943
12	Ida Pfeiffer...........	Voyage d'une Femme autour du Monde.	366
13	Id.	Mon second Voyage................	367
14-15	Jurien de la Gravière...	Voyage de la Bayonnaise dans les mers de la Chine, 2 vol..............	368-369
16	Lacombe...............	L'Angleterre (in-16)...............	313
17	Lemire...............	Cochinchine française et royaume de Cambodge.....................	748
18	E. About..............	La Grèce contemporaine...........	660
19-20	E. Souvestre..........	Les derniers Bretons, 2 vol.........	752-753
21	Simonin...............	A travers les États-Unis..........	751
22	Id.	Le grand Ouest des États-Unis........	360
23	Id.	Les Peuples lointains..............	750
24	Id.	La Toscane et la mer Tyrrhénienne....	749
25	Chateaubriand........	Itinéraire de Paris à Jérusalem.......	743
26	Esquiros.............	L'Angleterre et la Vie anglaise, 1re série.	738
27	Id.	Id. id. 5e série.	739
28	Thierry-Mieg..........	Six semaines en Afrique...........	801
29	Général Daumas.......	Le grand Désert................	800
30	Lavallée..............	La Chine contemporaine............	802
31-32	Alexandre Dumas......	Le Midi de la France, 2 vol........	795-796
33	Marquis de Compiègne..	L'Afrique équatoriale. — Gabonais, Pahouins, Gallois................	359
34	Id. ..	L'Afrique équatoriale. — Okanda, Bagouens, Osyéba................	634
35	Id. ..	Voyages, Chasses et Guerres........	635
36-37	Gasparin.............	Voyage au Levant, 2 vol...........	804-805
38-43	Maxime du Camp.......	Paris, ses Organes, ses Fonctions et sa Vie dans la seconde moitié du xixe siècle 6 vol..................	1176-1181
44	Montégut.............	Souvenirs de Bourgogne...........	1145
45	Id.	En Bourbonnais et en Forez.........	1147
46	Id.	L'Angleterre et ses Colonies. L'Australie.	1146
47-48	De Hubner............	Promenade autour du monde, 2 vol...	1140-1141

14ᵉ SÉRIE (suite)

49	Léonie d'Aunet	Voyage d'une femme au Spitzberg	363
50	Delille	Excursion dans l'Inde	1144
51	De Varigny	14 ans aux îles Sandwich	703

2° FORMAT IN-8° DES SÉRIES 13 ET 14

1	Cameron	A travers l'Afrique	1075
2	Schweinfurth	Au cœur de l'Afrique, 1ᵉʳ vol.	1080
3	Id.	Id. id. 2ᵉ vol.	1120
4	Stanley	La terre de servitude	1097
5-6	Id.	A travers le continent mystérieux, 2 vol.	1106-1107
7	Speke	Les sources du Nil	1108
8	Livingstone	Exploration du Zambèze	1109
9	Id.	Exploration dans l'Afrique australe	1110
10-11	Id.	Dernier journal de Livingstone, 2 vol.	1111-1112
12	Payer	Expédition du Tegethoff	1113

14ᵉ SÉRIE IN-8° (suite)

13	**Kingston**..............	Une croisière autour du monde.......	1114
14	**Baker**.................	Découverte de l'Albert N'Yanza.......	1115
15-16	**Palgrave**..............	Une année dans l'Arabie centrale......	1116-1117
17	**Milton et Chealdle**......	Voyage de l'Atlantique au Pacifique...	1118
18	**Cortambert**............	Voyage à travers le monde..........	1121
19	**Prjévalski**.............	Mongolie et pays des Tangoutes.......	1122
20	**Léopold Pallu**..........	Hist. de l'expédition de Cochinchine...	1123

HORS SÉRIE

»	**L. Énault**..............	Londres illustré par Gustave Doré.....	1226

SÉRIE 15
Scènes et Récits

1	Raynal	Les naufragés ou 20 mois sur un récif des Iles Aukland	352
2	Victor Hugo	Le Rhin	754
3	Fonvielle	Le glaçon du Polaris, aventures du capitaine Tyson	272
4	Bombonel	Le tueur de panthères	221
5	J. Gérard	Le tueur de lions	15
6	Id.	Voy. et chasses dans l'Himalaya	745
7	Abbé Domenech	Journal d'un missionnaire au Texas et au Mexique	354
8	Catlin	La vie chez les Indiens	345
9	Perrin d'Arc	Aventures en Australie	346
10	Johnson	Dans l'extrême Far-West	355
11	G. Ferry	Les aventures du capitaine Ruperto Castaños au Mexique	544
12	Id.	Scènes de la vie sauvage au Mexique	353
13	Stauben	Scènes de la vie juive en Alsace	220
14	Maurice Sand	Six mille lieues à toute vapeur	740
15	Baron de Wogan	Six mois dans le Far-West	788
16-18	Alexandre Dumas	La Suisse, 3 vol.	781-783
19-21	Id.	Le Caucase, 3 vol.	790-792
22-23	Id.	Excursions sur les bords du Rhin, 2 vol.	793-794
24	Miss Martineau	Le Fiord, scène de la vie norvégienne	787
25	Stanley	Lettres sur la découverte du Congo	1332
26	Baldwin	Récits de chasse	1333
27	A. Lévy	La Légende des mois	1334
28	G. de Cherville	Lettres de mon jardin	1335
29	Id.	La vie à la campagne	1336
30	Grenville-Murray	Les Allemands chez les Allemands	1337
31	Hildebrand	La France et les Français	1338
32	Watemare	L'Amérique septentrionale et les Peaux-Rouges	1339

3ᵉ PARTIE

SCIENCES, ARTS, INDUSTRIES

SÉRIE 16

Notions générales sur les sciences, les arts, l'industrie; Manuels

N°	Auteur	Titre	
1	Brewer	La clef de la science, ou les phénomènes de tous les jours.	254
2	Maigne	Lectures variées sur les sciences	291
3	Garrigues	Simples lectures sur les sciences, les arts et l'industrie	292
4	Docteur Saffray	La chimie des champs. (Cet ouvrage donne des notions de géologie, physique, chimie, physiologie végétale, hygiène)	269
5	Hément	Premières notions d'histoire naturelle	256
6	Boursin et Poubelle	Manuel des aspirants aux emplois réservés aux sous-officiers	648

HORS SÉRIE

| » | Bouillet | Dictionnaire universel des sciences, des lettres et des arts. (V. série 39) | 1225 |

SÉRIE 17
Cosmographie

1	Fabre...............	Le Ciel.............................	72
2	Id.	La Terre...........................	73
3	Flammarion...........	Petite astronomie descriptive adaptée aux besoins de l'enseignement par Delon.......................	329
4	Id.	Les Merveilles célestes.............	286
5	Guillemin.............	Les Mondes	283
6	Id.	Le Soleil...........................	335
7	Id.	La Lune............................	336
8	Id.	Les Étoiles........................	337
9	Hoefer...............	Histoire de l'astronomie............	1204

SÉRIE 18
Géologie — Minéralogie — Géographie physique

1	L. Figuier............	La Terre avant le déluge............	1019
2	Id.	La Terre et les Mers, ou description physique du globe...............	382
3	De Saussure..........	Voyage dans les Alpes..............	271
4	Lenthéric............	Les Villes mortes du golfe de Lyon....	176
5	Zurcher et Margollé....	Volcans et tremblements de terre.....	384
6	Id.	Les Glaciers.......................	377

18ᵉ SÉRIE (suite)

7	Stanislas Meunier	La terre végétale, géologie agricole	206
8	J. Reynaud	Hist. élémentaire des minéraux usuels	255
9	Raulin	Éléments de géologie, année préparatoire	1216
10-12	Id.	Id. les trois 1ʳᵉˢ années	1217-1219
13	Marié-Davy et Sourel	Id. 4ᵉ année	1220

HORS SÉRIE

»	Boscowitz	Les Volcans, in-4°	22

SÉRIE 19
Botanique

1	Berthould............	La botanique au village............	207
2	Marion	Les merveilles de la végétation.......	378
3-4	Docteur Saffray......	Les remèdes des champs, herborisations pratiques, 2 vol. in-16............	311-312
5	Alphonse Karr........	Voyage dans mon jardin............	244
6	Fabre..	La Plante........	243

SÉRIE 20
Zoologie

1	Dubois................	Le Buffon des familles...............	937
2	Menault............	L'Intelligence des animaux..........	390
3	Réaumur............	Vie et mœurs des insectes............	387
4	Rendu................	Mœurs pitoresques des insectes........	385
5	Victor Meunier........	Les animaux à métamorphoses........	376
6	Id.	Les grandes chasses...............	383

20ᵉ série (suite)

7	Abbé Bourassé	Histoire naturelle des oiseaux, des reptiles et des poissons	379
8	Isid. Geoffroy-St-Hilaire	Acclimatation et domestication des animaux utiles	96
9-10	Girard	Animaux utiles et nuisibles, 2 vol.	1221-1222

SÉRIE 21
Physiologie et Hygiène

1	Mad. Bray	Physiologie des écoles	247
2	J. Macé	Hist. d'une bouchée de pain	248
3	Id.	Les serviteurs de l'estomac	388
4	George	Leçons élémentaires d'hygiène	249
5	Mad. Meunier	Le docteur au village	240
6	Docteur Saffray	Les moyens de vivre longtemps	834
7	Barthélemy	Le médecin des enfants	7
8	Miss Nichtingale	Soins à donner aux malades	380
9	Dusart	Rôle du phosphate de chaux	71

SÉRIE 22

Physique — Météorologie — Chimie

1	Fabre...............	Physique........................	75
2	Guillemin............	Le son..........................	334
3	Id.	La lumière et les couleurs.........	936
4	Zurcher et Margollé...	Les météores	381
5	Docteur Saffray.......	La physique des champs...........	310
6	Zurcher..............	Phénomènes de l'atmosphère.......	295
7	Margollé.............	Les phénomènes de la mer.........	294
8	Fabre................	Chimie agricole..................	74
9	Faraday	Histoire d'une chandelle...........	386
10	Tissandier	L'eau...........................	389
11	De Montrel...........	Notions de chimie................	1203
12	Hœfer...............	La physique et la Chimie..........	1173

SÉRIE 23

Connaissances utiles, diverses, etc.

1	Riant................	Le café, le chocolat et le thé........	309
2	Vogl.................	Les aliments, guide pratique pour constater les falsifications	205
3	Riant................	L'alcool et le tabac................	252
4	Garrigues............	Le système métrique	1205

23ᵉ série (*suite*)

5	Houët	Pierre Dumont	293
6	Fabre	Le livre d'histoires	289
7	Id.	Aurore	290

SÉRIE 24
Application des découvertes scientifiques

1-4	L. Figuier	Merveilles de la science, 4 vol.	938-941
5	Tissandier	La Houille	543
6	Baille	Les merveilles de l'électricité	537
7	Guillemin	La vapeur	678

SÉRIE 25
Savants

1	Cuvier	Éloges historiques	169
2	Audiganne	François Arago	5
3	Joubert	Vauquelin	16
4	Camille Flammarion	Vie de Copernic et histoire de la découverte du système du monde	424

SÉRIE 26
Agriculture et Horticulture

1	Monteil	Hist. agricole de la France	126
2	Vilmorin	Le bon jardinier	102
3	Id.	id.	567
4	Id.	Gravures du bon jardinier	103
5	Id.	id.	568
6	Gobin	Guide pratique d'agriculture générale	159
7	Jaloustre	Cours d'agriculture	183
8	Lecouteux	Principes de la culture améliorante	349
9	Joigneaux	Causeries sur l'agriculture et l'horticulture	350
10	Teisserenc de Bort	Petit questionnaire agricole	204
11	Baudry et Jourdier	Catéchisme d'agriculture	245
12	Fruchier	Traité d'agriculture	179
13	Du Breuil	Conduite des arbres fruitiers	542
14	Mathieu de Dombasle	Abrégé du calendrier du bon cultivateur	170

26ᵉ SÉRIE (suite)

15	V. Borie	Les 12 mois, calendrier agricole	20
16	Id.	Les travaux des champs	348
17	Manteuffel	L'art de planter	842
18	Courtois Gaspard	Manuel pratique de culture maraîchère	239
19	V. Rendu	Petit traité de culture maraîchère	306
20	Joigneaux	Les choux	155
21	Lavallée	Le brôme de Schrader	69
22	Dumas	Enquête officielle sur les engrais	21
23	J. Girardin	Des fumiers et autres engrais animaux	347
24	Bonjean	Conservation des oiseaux	19
25	Girard	Le phylloxera de la vigne	300
26	Félizet	Dictionnaire vétérinaire	25
27	Lefour	Animaux domestiques	24
28	Jacque	Le poulailler	154
29	Villeroy	Manuel de l'éleveur des bêtes à cornes	101
30	Magne	Choix de vaches laitières	912
31	Vial	Connaissance pratique du cheval	89
32	Gayot	Achat du cheval	162
33	Menault	Le berger	304
34	Id.	Le vacher et le bouvier	305
35	V. Rendu	Les abeilles	308
36	Id.	La basse-cour	307
37	Richard	Étude de la conformation du cheval	847
38	Id.	Étude du cheval de service et de guerre	250
39	Id.	Rapport pour étudier la production du cheval	846
40	Id.	Vocabulaire agricole et horticole	839
41-42	Id.	Dictionnaire raisonné d'agriculture et d'économie du bétail	535-536
43	Joigneaux	Le jardin potager	676
44	Vilmorin	Les fleurs de pleine terre	1033

SÉRIE 27
Arts — Industrie — Métiers — Artisans — Commerce

1-2	Monteil...............	Histoire de l'industrie et des gens du métier, 2 vol.................	849-850
3	Maigne................	Histoire de l'industrie...............	920
4	Poiré.................	Simples lectures sur les principales industries.................	182
5-6	Lacroix...............	Dictionnaire industriel à l'usage de tout le monde, 2 vol...........	146-147
7-8	Audiganne.............	Les chemins de fer aujourd'hui et dans 100 ans chez tous les peuples, 2 vol.	202 et 1315
9	Deherrypon............	La boutique de la marchande de poissons................	677
10	Delon.................	Mines et carrières................	299
11	Id.	Le fer, la fonte et l'acier...........	270
12	Id.	Le cuivre et le bronze.............	298
13	Zurcher et Margollé....	Histoire de la navigation...........	97
14	Lamartine.............	Jacquard, Guttemberg.............	213
15	Labouchère...........	Oberkampf (1738-1815)............	148
16	Vannier...............	Premières notions du commerce et de la comptabilité.............	326

HORS SÉRIE

Simonin...............	La vie souterraine (in-4°)............	375
Ministère de l'Agriculture et du Commerce.....	Annuaire statistique de la France, années 1878-1881 (in-4°).........	1150-1153
L. Figuier............	Les Merveilles de l'industrie, 4 vol...	1-4

SÉRIE 28
Art militaire — Hommes de guerre (1)

1	De Plazanet............	Manuel du sapeur-pompier..........	120
2	Édit. Roret............	Nouveau manuel du sapeur-pompier...	517
3	Anonyme...............	Manuel du soldat.................	327
4	Dutheil...............	Les devoirs du soldat.............	323
5	Maréchal Bugeaud......	Maximes, conseils et instructions sur l'art de la guerre...............	322
6	Id.	Aperçus sur quelques détails de la guerre......................	321
7	Le Fuente.............	Cours élémentaire pour l'enseignement de la topographie................	320
8	Lottin................	Promenades topographiques à l'usage des écoles....................	319
9	Gandolfe	Manuel militaire de la jeunesse suivi des décrets et instructions concernant le volontariat..................	318
10	Favé	Cours d'art militaire..............	316
11	De Brack.............	Avant-poste de cavalerie légère......	315
12	Un Officier d'État-Major.	Manuel des connaissances militaires pratiques...........................	314
13	Viollet-le-Duc	Histoire d'une forteresse............	342

(1) — Voir série 3, n° 3 ; série 7, n°ˢ 17-18, 19 ; série 10, n°ˢ 4, 16-19, 23, 26, 51, 52, 56, 57-59, 68-69, 102, 106, 113-116, etc.

SÉRIE 29
Beaux-Arts — Artistes — Dessin, etc.

1	Ramée	Histoire de l'architecture	328
2	Siret	Rubens	425
3	Cocheris	Patrons de brodreries du XVIe siècle	46
4	René Ménard	Art antique	131
5	D'Henriet	Dessin d'ornement (texte)	1231
h. s.	Id.	Atlas (in-folio)	1232
6	Id.	Dessin linéaire (texte)	1229
h. s.	Id.	Atlas (in-folio)	1230
7	Id.	Dessin d'imitation	1214
h. s.	Id.	Atlas (in-folio)	1215
8	Normand	Cours de dessin industriel	1142
h. s.	Id.	Atlas	1143
9	Bouillon	Exercices de dessin linéaire (texte)	1227
h. s.	Id.	Atlas (in-folio)	1228
10	Sauzay	La Verrerie	1196
11-12	Viardot	Les Merveilles de la peinture, 2 vol.	1197-1198
13	Id.	Les Merveilles de la sculpture	1199
14-16	Jacquemont	Les Merveilles de la céramique, 3 vol.	1200-1202

HORS SÉRIE

Inventaire général des œuvres d'art du département de la Seine, 2 vol., (in-4º) 1154-1155

4ᵉ PARTIE

LITTÉRATURE

SÉRIE 30

Littérature française — Recueils — Histoire et Critique, etc.

1-6	Staaff............	Lectures choisies de littérature française, depuis la formation de la langue jusqu'en 1870, 6 vol...............	906-911
7-10	Villemain...........	Tableau de la littérature au XVIIIᵉ siècle, 4 vol........................	921-924
11	Gandar............	Bossuet orateur..................	708
12	P. Albert............	La Prose.......................	1182
13	Id.	La Poésie...	1183
14	Id.	Littérature française, des origines à la fin du XVIIIᵉ siècle...............	1184
15	Id.	Littérature au XVIIᵉ siècle............	1185
16	Id.	Littérature au XVIIIᵉ siècle............	1186
17	Cocheris............	Histoire de la Grammaire française....	47
18	Littré et Beaujean.....	Petit dictionnaire universel..........	55

HORS SÉRIE

| » | Vapereau | Dictionnaire universel des littératures (Voir série 39) | 1223 |

SÉRIE 31
Œuvres de la littérature française — Poésie et Prose

1	Anonyme	La chanson de Roland	208
2	Paris	Maître Renart,	439
3	Boileau	Œuvres complètes	12
4-5	La Bruyère	Les Caractères, 2 vol	1234-1235
6	Fénelon	Œuvres choisies (dialogues)	200
7	Id.	Télémaque	597
8	Florian	Fables	164
9	La Fontaine	Fables	14
10	Madame de Sévigné	Lettres choisies	100
11-12	Jean-Jacques Rousseau	Œuvres choisies (beautés de J.-J. Rousseau), 2 vol	664-665
13	Lamartine	La chute d'un ange	705
14	Id.	Lectures pour tous	275
15	Id.	Premières méditations poétiques	440
16	Id.	Nouvelles méditations	441
17	Id.	Jocelyn	573
18	Id.	Le Manuscrit de ma mère	1058
19	Xavier de Maistre	Œuvres choisies	223
20	V. de Laprade	Pernette	13
21	P. Deroulède	Les Chants du soldat	464
22	Béranger	Chansons choisies	479
23	V. Hugo	Les Orientales, etc	480
24	Id.	Les Contemplations. I, Autrefois	481
25	Id.	Id. II, Aujourd'hui	482

31ᵉ série (suite)

26	Id.	Les Enfants	351
27	Id.	Chanson des rues et des bois	1187
28	Id.	Légende des siècles	1064
29-33	Id.	Poésies, 4 vol. (in-8°)	978-981
34	**François Coppée**	La grève des forgerons	340
35	**Chateaubriand**	Les Martyrs, Le dernier des Abencérages	710
36	Id.	Atala, René, Les Natchez	711
37	**Michelet**	L'Insecte	700
38	Id.	L'Oiseau	657
39	Id.	Bible de l'humanité	1037
40	**Malherbe**	Œuvres poétiques	1063
41	**La Bruyère**	Les caractères (édit. Garnier)	23
42	**Bernardin-de-St Pierre**	Paul et Virginie	8
43	**Pascal**	Pensées	1238
44	**Voltaire**	Charles XII	1237
h. s.	Id.	Lettres choisies (in-4°)	190
45-46	**Buffon**	Correspondance, 2 vol	194-195

SÉRIE 32
Théâtre français

1	Corneille............	Théâtre choisi.....................	48
2	Racine...............	Théâtre...........................	82
3-4	Molière..............	Œuvres choisies....................	224-225
5	Ponsard	L'Honneur et l'Argent..............	267
6	Id.	Le Lion amoureux..................	516
7	Émile Augier..........	La Jeunesse.......................	515
8	Id	Gabrielle.........................	477
9	Augier et Sandeau......	Le Gendre de M. Poirier............	514
10	Madame Ém. de Girardin	La Joie fait peur	478
11	Manuel...............	Les Ouvriers......................	268
12	Casimir Delavigne......	Les enfants d'Edouard, École des vieillards, Louis XI................	473
13	Voltaire	Zaïre, Mérope.....................	524
14	Piron................	La Métromanie....................	525
15	Regnard.............	Le Joueur, Les Folies amoureuses.....	419
16	Id.	Le Légataire universel..............	420
17	Le Sage..............	Turcaret, Crispin rival de son maître..	418
18	Colin d'Harleville.......	Le Vieux Célibataire................	667
19	Beaumarchais..........	Le Barbier de Séville................	523
20	Id.	Le Mariage de Figaro...............	964
21	Victor Hugo...........	Hernani (in-4°)....................	547
22	Id.	Le Roi s'amuse....................	570
23	Id.	Marie Tudor, La Esmeralda..........	571

SÉRIE 33

Romans français
BALZAC
LA COMÉDIE HUMAINE

1	La maison du Chat qui pelotte, etc.	622
2	La paix du ménage, etc.	623
3	Mémoires de deux jeunes mariées, etc.	624
4	La femme de 30 ans, etc.	625
5	Le contrat de mariage, etc.	626
6	Modeste Mignon	627
7	Béatrix	628
8	Honorine	629
9	Ursule Mirouet	463
10	Eugénie Grandet	462
11	Les Célibataires. I. Pierrette, le Curé de Tours	806
12	Id. II. Un ménage de garçon	807
13	Les Parisiens en province	808
14	Les Rivalités	638
15	Le lys dans la vallée	637
16	Illusions perdues. I. Les deux poëtes. Un grand homme de province à Paris	809
17	Illusions perdues. II. Un grand homme de province	810
18	Splendeurs et misères des courtisanes	811
19	La dernière incarnation de Vautrin	812
20	Histoire des Treize	813
21	Le père Goriot	814
22	César Birotteau	636
23	La maison Nucingen	815
24	La cousine Bette	612
25	Le cousin Pons	613
26	Une ténébreuse affaire	816
27	L'envers de l'histoire contemporaine	817
28	Le député d'Arcis	818
29	Les Chouans	819
30	Le Médecin de campagne	820
31	Le Curé de village	821
32	Les Paysans	822
33	La peau de chagrin	823
34	La recherche de l'absolu	824
35	L'enfant maudit	825
36	Les Marana	826
37	Sur Catherine de Médicis	827
38	Louis Lambert	828
39	Physiologie du mariage	829
40	Petites misères de la vie conjugale	830

33ᵉ SÉRIE (suite)

41	Jules Verne............	Le docteur Ox......................	760
42	Id.	Une ville flottante..................	761
43	Id.	Les 500 millions de la Bégum.........	762
44-46	Id.	L'île mystérieuse, 3 vol.............	112-114
47-48	Id.	Vingt mille lieues sous les mers. 2 vol.	118-119
49-51	Id.	Les enfants du capitaine Grant, 3 vol.	115-117
52	Id.	Aventures de 3 Russes et de 3 Anglais.	106
53	Id.	Le tour du monde en 80 jours.......	107
54-55	Id.	Michel Strogoff, 2 vol...............	108-109
56-57	Id.	Aventures du capitaine Hattteras, 2 vol.	110-111
58	Id.	Les tribulations d'un Chinois en Chine.	763
59	Id.	De la terre à la lune, 1ʳᵉ partie......	764
60	Id.	Autour de la lune, 2ᵉ partie du précéd.	765
61	Id.	Voyage au centre de la terre.........	766
62	Id.	Le Chancellor......................	767
63-64	Id.	Le pays des fourrures. 2 vol.........	770-771
65-66	Id.	Un capitaine de 15 ans, 2 vol.........	772-773
67-68	Id.	Hector Servadac, 2 vol..............	776-777
69	Id.	Les Indes noires....................	778
70-71	Id.	Jangada, 2 vol.....................	1029-1030
72-73	Id.	La maison à vapeur, 2 vol...........	1031-1032
74	Id.	Cinq semaines en ballon.............	105
75	Alphonse Karr.........	La famille Alain....................	451
76	Id.	Rose et Jean Duchemin..............	151
77	X. Marmier............	Les fiancés du Spitzberg.............	452
78	Vicomte de Melun......	Histoire d'un village................	454
79	Badin.................	Marie Chassaing....................	455
80	Saintine..............	Picciola...........................	954
81	Id.	Seul !.............................	460
82	Jules Sandeau.........	La roche aux Mouettes..............	510
83	Id.	Mˡˡᵉ de la Seiglière.................	511
84	Id.	Madeleine.........................	512
85	Id.	Jean de Thommeray................	1038
86	Id.	Docteur Herbeau...................	1039
87	René de Maricourt.....	Le sire Evrard, Chroniq. de la 1ʳᵉ croisade	417
88	Demoiselle Louise Diard	Le secret de la bisaïeule.............	416
89	Guénot	Claire de Rives.....................	415
90	Id.	Ange Brancaléon...................	554
91	Id.	Marie de Blamont..................	555
92	Id.	Lampégia..........................	557
93	Amédée Achard.......	Le clos Pommier...................	586
94	Id.	Les vocations......................	588
95	Id.	L'ombre de Ludovic................	982
96	De Bréhat.............	Aventures d'un petit Parisien........	18

33ᵉ SÉRIE (suite)

N°	Auteur	Titre	N°
97	Madame Carraud	Une servante d'autrefois	39
98	Chazel	Le chalet de sapins	36
99	Alphonse Daudet	Fromont jeune et Risler aîné	569
100	Henri Murger	Scènes de campagne : Adeline Protat	549
101	Hector Malot	Romain Kalbris	128
102	Erckmann-Chatrian	L'Invasion	28
103	Alfred Assolant	François Búchamor	10
104	Charton	Histoire de 3 enfants pauvres	34
105	Élie Berthet	Les houilleurs de Polignies	582
106	Id.	Odilia	610
107	Id.	La bastide rouge	617
108	Id.	La roche tremblante	618
109	Id.	Le dernier Irlandais	619
110	Id.	La bête de Gévaudan	644
111	Méry	Contes et nouvelles	609
112	Voltaire	Zadig	584
113	Lamartine	Le tailleur de pierres de St-Point	914
114	Id.	Geneviève	442
115	Id.	Graziella	545
116	Id.	Raphaël	583
117	Théophile Gautier	Militona	574
118	Gustave Droz	Babolain	70
119-120	Victor Hugo	Notre-Dame de Paris, 2 vol.	540-541
121-130	Id.	Les Misérables, 10 vol., 1ᵉʳ vol.	432
	Id.	Id. vol. 2-10	983-991
131	Id.	Bug Jargal. Le dernier jour d'un condamné. Claude Gueux	1172
132	Fernand Fabre	Julien Savignac	587
133	Gabriel Ferry	Les squatters	596
134-135	Id.	Le coureur des bois, 2 vol.	
136	Id.	Le vicomte de Châteaubrun	607
137	Id.	Costal l'Indien	656
138	Edmond About	Le roi des montagnes	453
139	Id.	Maître Pierre	9
140	Id.	Tolla	606
141	Id.	Trente et quarante	605
142	Id.	Germaine	602
143	Id.	Les mariages de Paris	603
144	Id.	L'homme à l'oreille cassée	604
145	Id.	Madelon	659
146	Id.	Les mariages de province	662
147	Id.	Le roman d'un brave homme	709
148	Louis Énault	L'amour en voyage	599
149	Id.	Hermine	600

33ᵉ SÉRIE (*suite*)

150	Loùis Énault	Alba	601
151	Id.	Stella	598
152	Id.	Christine	585
153	Id.	Pêle-mêle	589
154	Ulbach	La voix du sang	616
155	Id.	Mémoires d'un inconnu	642
156	Id.	Les cinq doigts de Birouck, 1ᵉʳ vol.	643
157	Id.	Le secret de Mˡˡᵉ Chagnier, 2ᵉ vol.	798
158	Id.	Mémoires d'un assassin (Cyrille) 1ᵉʳ vol.	831
159	Id.	Id. (Maxime) 2ᵉ vol.	799
160	Ponson du Terrail	Le nouveau maître d'école	595
161	Clémence Robert	Le tribunal secret	621
162	Mademoiselle Monniot	Raphaëla de Mérans	231
163	Adrien Lemercier	Les derniers jours de Pompeï	238
164	Mad. Léonie d'Aunet	L'héritage du marquis d'Elvigny	608
165	Madame Figuier	Mes de Lavène	79
166	Id.	Le gardian de la Camargue	80
167	Id.	Nouvelles languedociennes	538
168	Id.	La prédicante des Cévennes	539
169	Georges Sand	La mare au diable	61
170	Id.	La tour de Percement. Marianne	62
171	Id.	François le Champi	456
172	Id.	La petite Fadette	457
173-174	Id.	Les beaux messieurs de Bois-Doré, 2 vol.	458-459
175	Id.	Les maîtres mosaïstes	489
176	Id.	Le marquis de Villemer	741
177	Berthoud	Fantaisies scientifiques 1ʳᵉ série	1001
178	Id.	Id. 2ᵉ —	
179	Id.	Id. 3ᵉ —	171
180	Id.	Id. 4ᵉ —	172
181-182	L. Desnoyers	Aventures de Robert Robert et de son fidèle compagnon Toussaint Lavenette 2 vol.	443-444
183	Id.	Les mésaventures de Jean-Paul Choppart	953
184	Juliette Lamber (Madame Edn. Adam)	Récits d'une paysanne	438
185	Bénédict-Henri Révoil	Le fils de l'oncle Tom. (Les drames du Nouveau-Monde)	848
186	Laboulaye	Paris en Amérique	434
187	Id.	Les Contes bleus	1040
188 189	Alexandre Dumas	Le chevalier d'Harmental, 2 vol.	949-950
190	Id.	Le capitaine Pamphile	437
191-192	Id.	Ange Pitou	614-615
h. s.	Id.	Les Trois Mousquetaires, in-4°	735
193	Deslys	Sœur Louise	645
194	Id.	L'ami du village : Maître Guillaume	789

33ᵉ série (*suite*)

195	**Deslys**............	La balle d'Iéna, suivie d'autres nouvelles	797
196	**Mérimée**............	Colomba........................	50
197	**Souvestre**...........	Sous la tonnelle.................	84
198	Id.	Au coin du feu..................	85
199	Id.	Le mémorial de famille............	86
200	Id.	Confessions d'un ouvrier...........	87
201	Id.	Un philosophe sous les toits.......	88
202	Id.	Les Clairières...................	445
203	Id.	Souvenirs d'un vieillard...........	446
204	Id.	Pendant la moisson...............	447
205	Id.	Sous les filets...................	448
206	Id.	Chroniques de la mer.............	449
207	Id.	Les soirées de Meudon............	83
208	Id.	Récits et Souvenirs...............	786
209	Id.	Souvenirs de Jeunesse.............	1002

FORMATS IN-4° ET IN-8°

ERCKMANN-CHATRIAN

1	Le Blocus.	27
2	Madame Thérèse.	29
3	Les confidences d'un joueur de clarinette.	30
4	L'ami Fritz.	31
5	Histoire d'un conscrit de 1813.	32
6	Waterloo.	466
7	Le brigadier Frédéric.	33
8	Maître Gaspard.	465
9	Histoire d'un sous-maître.	467
10	La guerre.	468
11	Une campagne en Kabylie.	469
12	Les deux frères.	470
13	Histoire du Plébiscite.	471
14	Histoire d'un homme du peuple.	472
15	Le juif polonais.	408
16	La maison forestière.	409
17	Contes des bords du Rhin.	410
18	Hugues le Loup.	411
19	L'illustre docteur Matheus.	412
20	Histoire d'un paysan, 1ᵉʳ vol.	413
21	Id. 2ᵉ —	755
22	Id. 3ᵉ —	756
23	Id. 4ᵉ —	757

FORMATS IN-4° ET IN-8° (*suite*)

24	Victor Hugo	Han d'Islande.	1034
25	Id.	Quatre-vingt-treize.	431
26	Id.	L'homme qui rit.	430
27	Id.	Les travailleurs de la mer.	528
28	Girardin.	L'oncle Placide.	475
29	Id.	Le neveu de l'oncle Placide, 1ʳᵉ partie.	1128
30	Id.	Id. id. 2ᵉ partie.	1129
31	Id.	Id. id. 3ᵉ partie.	1130
32	Id.	Fausse route.	474
33	Id.	Nous autres.	161
34	Id.	Les braves gens.	160
35	Id.	Tom Brown.	1084
36	Énault.	Le chien du capitaine.	1077
37-38	Assolant.	Montluc le Rouge, 2 vol.	1082-1083
39	Fleuriot.	Mandarine.	1076
40	Madame de Witt.	Une sœur.	1059
41	Id.	Légendes et récits.	1081

FORMATS IN-4° ET IN-8° (suite)

42	Julie Gouraud.........	Cousine Marie..................	1060
43	Bailleul...............	Les chasseurs d'ivoire............	181
44	Daudet	Robert Darnetal.................	1022
45	Mme Colomb...........	Franchise.....................	1061
46	Id.	L'héritier de Vauclain............	1062
47	Id.	Chloris et Jeanneton.............	1127
48	Id.	Le bonheur de Françoise.........	1023
49	Id.	Deux mères....................	572
50	Id.	Le violoneux de la sapinière......	461
51	Id.	La fille de la Carilès.............	37
52	Deslys...............	Les récits de la grève............	196
53	Id.	Courage et dévouement..........	1021
54	Le Sage	Gil Blas.......................	663
55	Richebourg	La fille maudite.................	835

SÉRIE 34
Nouvelles, Contes et Romans suisses, alsaciens, belges

1	Gotthelf...............	L'âme et l'argent................	274
2	Id.	Ulric le valet de ferme...........	784
3	Id.	Ulric le fermier.................	785
4	Bondroit..............	Marianne la botresse, nouvelle liégeoise	519
5	Id.	Rosette, nouvelle liégeoise, suivie de : les 2 nids, poëme................	520
6	Henri Zschokke........	Le château d'Aarau (traduction Suckau).	483
7	Id	Addrich des mousses.............	484
8	Id.	Alamontade ou le galérien........	611
9	Töppfer...............	Nouvelles genevoises.............	278
10	Id.	Rosa et Gertrude................	277
11	Fabre.................	Nouvelles jurassiennes...........	521
12	Id.	Le vieil Eli, tr. par Rossreuw St-Hilaire	491
13-14	Conscience............	Scènes de la vie flamande, 2e vol.....	264-265
15	Id.	Histoire de deux enfants d'ouvriers....	508
16	Id.	Batavia........................	266

SÉRIE 35
Nouvelles, Contes, Romans anglais
FORMAT IN-12

1	Lady Fullerton.........	L'oiseau du bon Dieu................	501
2	Marryat	Les Enfants de la forêt neuve........	492
3	Elisabeth Sewel........	Amy Herbert....................	490
4-5	Bulwer Lytton.........	Pisistrate Caxton, 2 vol.............	42-43
6	Dickens...............	Contes de Noël.................	58
7-8	Id.	Nicolas Nickbely, 2 vol...........	59-60
9-10	Id.	Bleack House, 2 vol..............	502-503
11-13	Id.	Dombey et fils, 3 vol.............	960-962
14-15	Id.	Le neveu de ma tante, 2 vol.......	504-505
16-17	Carrer Bell	Jane Eyre, 2 vol.................	506-507
18	D. de Foé	Robinson-Crusoé................	45
19-20	Madame Gaskell........	Nord et sud, 2 vol...............	165-166
21-22	Miss Mülock	John Halifax, 2 vol..............	124-125
23	Id.	Ma mère et moi................	493
24	Id.	Maîtresse et servante	494
25	Anonyme.............	Paul Ferrol, traduction Mme Loreau....	945
26	Swift.................	Voyages de Gulliver, abrégés........	68
27	Mayne Reid..........	Les veillées de chasse.............	702
28	Id.	A la mer.....................	701
29	Id.	A fond de cale.................	666
30	Id.	Les Chasseurs de girafes..........	132
31	Id.	Les vacances des jeunes boers.......	133
32	Id.	Le chasseur de plantes............	134
33	Id.	Les Grimpeurs de rochers	135
34	Id.	L'habitation du désert...........	136
35	Id.	Les exilés dans la forêt...........	137
36	Id.	Le désert d'eau dans la forêt........	138
37	Id.	Les chasseurs d'ours.............	139
38	Id.	William le mousse................	140
39	Id.	Le roi des Séminoles.............	593
40	Id.	La piste de guerre...............	594
41	Id.	Le doigt du destin...............	591
42	Id.	La quarteronne.................	592
43-44	Id.	Le gantelet blanc, 2 vol...........	640-641
45	Id.	Les planteurs de la Jamaïque........	737
46	Id.	Les peuples étranges.............	836
47-49	Smith	Dick Tarleton, 3 vol.	975-977
50-51	Madame Henri Wood...	Les filles de Lord Oakburn, 2 vol....	576-577
52-53	Miss Yonge	Violette, 2 vol..................	487-488
54	Id.	Kenneth	496

35ᵉ SÉRIE (suite)

55-56	Miss Yonge............	L'héritier de Redelyffe, 2 vol........	499-500
57	Thackeray............	Mémoires de Barry Lyndon..........	374
58	Goldsmith.............	Le vicaire de Vakefield	158

FORMAT IN-8°

1	Henty................	Les jeunes francs-tireurs...........	156
2	Walter Scott..........	L'antiquaire......................	658
3	Id.	Ivanhoé	41
4	Id.	La prison d'Edimbourg.............	40
5	Id.	Les puritains d'Écosse	63
6	Id.	La fiancée de Lammermoor.........	64
7	Id.	Quentin-Durward..................	65
8	Id.	La jolie fille de Perth..............	66
9	Id.	Charles le Téméraire	67

FORMAT GRAND IN-4°

1	Madame Inchbald	Simple histoire	518
2	Mayne Reid	Les chasseurs de chevelures. Les tirailleurs au Mexique	426
3	Id.	Le désert. Les enfants du bois	427
4	Id.	Les forêts vierges, La baie d'Hudson	428
5	Id.	Les chasseurs de bisons. Le chef blanc	429

SÉRIE 36
Contes et Romans américains
FORMAT IN-12

1	Miss Cummins	L'allumeur de réverbères	261
2	Id.	La rose du Liban	963
3	Id.	Mabel Vaughan	581
4	Elisabeth Wethewell	Le monde, le vaste monde	486
5	Hawthorne	Trois contes	495
6	Madame Stowe	La case de l'oncle Tom	251
7	Id.	La fiancée du ministre	578
8	Miss Stephens	Opulence et misère	580
9	Parker	Les lances de Lynvood	556

FORMAT GRAND IN-4°

1	**Fenimore Cooper**.......		Précaution. L'Espion................	393
2	Id.	....	Fleur du Bois. Le pilote....	394
3	Id.	....	Le corsaire rouge. Le Robinson américain	395
4	Id.	....	Sur mer et sur terre. Lucie Hardinge..	396
5	Id.	....	Christophe Colomb. L'écumeur de mer.	397
6	Id.	....	Le bravo. Lionel. Lincoln............	398
7	Id.	....	Le paquebot. Eve Effengham.........	399
8	Id.	....	Le feu follet. Le camp des païens	400
9	Id.	....	Les deux animaux. Les lions de mer...	401
10	Id.	....	Satanstoë. Le porte-chaîne...........	402
11	Id.	....	Les mœurs du jour. Les Monikins. La vie d'un matelot................	403
12	Id.	....	Ravensnest. Le bourreau............	404
13	Id.	....	Le Colon d'Amérique. Œil de Faucon..	405
14	Id.	....	Le dernier des Mohicans. L'Ontario ...	406
15	Id.	....	Les Pionniers. La Prairie............	407

SÉRIE 37
Contes et Romans de peuples divers

1	Hackländer	Boutique et comptoir	423
2	Id.	Le cannonnier II et le sous-officier Dose	498
3	Gerstächer	Aventures d'une colonie d'émigrants en Amérique	257
4-5	Galland	Les mille et une nuits. (Édition des familles), 2 vol.	435-436
6	Auerbach	Nouvelles villageoises de la forêt Noire.	522
7	Immermann	Les paysans de Westphalie	497
8-9	J. van Lennep	Aventures de Ferdinand Huyck, 2 vol.	955-956
10	Sylvio Pellico	Mes prisons. Devoirs des hommes	211
11	Mademoiselle Bremer	Les Voisins	260
12	Id.	Le Foyer domestique	509
13	Andersen	Contes choisis	485
14	Pouschkine	La fille du capitaine	258
15	Gogol	Tarass Boulba	263
16-17	Manzoni	Les Fiancés, 2 vol.	951-952
18-20	Freytag	Doit et avoir, 3 vol.	957-959
21	Hoffmann	Contes fantastiques	341

SÉRIE 38

Littérature des peuples étrangers

1	Pierron.........	Littérature grecque.........	1207
2	Id.	Littérature romaine.........	1208
3	Homère.........	Œuvres, trad. Giguet.........	691
4	Ossian.........	Trad. P. Christian.........	655
5	Dante.........	La divine Comédie.........	1213
6-15	Shakespeare.........	Œuvres complètes, 10 vol.	1085-1094
16	Schiller.........	Guillaume Tell.........	668
17	Gœthe.........	Hermann et Dorothée.........	450
18	Cervantes.........	Don Quichotte.........	38

5ᵉ PARTIE

OUVRAGES DIVERS

SÉRIE 39

Conférences — Discours — Ouvrages divers — Mélanges

1-2	»	Conférences faites à la gare St-Jean à Bordeaux, 2 séries................	331-332
3	Legouvé.............	Conférences parisiennes.............	913
4	Laboulaye	Discours populaires.................	276
5	Jules d'Argis..........	Heures académiques. Discours et conférences........................	177
6	E. About	Le Progrès.....................	661
7-9	Franklin.............	Correspondance.................	915-917
10	Lamartine	Guillaume Tell. Bernard de Palissy....	287
11-14	L. Figuier............	Histoire du merveilleux, 4 vol.......	1065-1068
15-19	Thévenin	Entretiens populaires, série 1-3......	1014-1016
	Id.	Id. 5ᵉ série........	1017
	Id.	Id. 7ᵉ série........	1018
	Id.	(manquent les séries 4ᵉ et 6ᵉ)......	
20	Reynaud.............	Lectures variées................	476

HORS SÉRIE

Charton.............	Le magasin pittoresque (la collection complète)..................	
Ch. Vallut...........	Le Musée des familles (12 vol. seulement).....................	
Charton.............	Lectures de famille.................	285

HORS SÉRIE (*suite*)

Vapereau	Dictionnaire des contemporains	1224
Id.	Dictionnaire universel des littératures	1223
Bouillet	Dictionnaire universel des sciences, des lettres et des arts	1225
Id.	Dictionnaire universel d'histoire et de géographie (voir série 6)	26

SÉRIE 40

Collection d'ouvrages plus particulièrement destinés aux enfants

1-2	Madame Leprince de Beaumont	Le Magasin des enfants, 2 vol	530-531
3	Bruno	Francinet. Principes généraux de la morale, de l'industrie, du commerce et de l'agriculture	104
4	De Jussieu	Simon de Nantua	152
5	Berquin	L'ami des enfants et des adolescents	742
6	Porchat	Les colons du rivage	81
7	Id.	Trois mois sous la neige	672
8	Marryat	Les colons du Canada	683
9	Vimont	Histoire d'un navire	682
10	Masson	Les enfants célèbres	669
11	Frères Grimm	Contes choisis	668
12	Madame de Genlis	Contes moraux	706
13	Perrault	Contes	122
14	Madame Michelet	Mémoires d'une enfant	590
15	Madame de Bawr	Nouveaux contes pour les enfants	704
16-17	Madame Guizot	Les enfants, 2 vol	684-685
18-19	Id.	Nouveaux contes. 2 vol	686-687

40ᵉ SÉRIE (suite)

20	Miss Edgeworth	Contes de l'enfance	674
21	Miss Edgeworth	Contes de l'adolescence	550
22-23	Madame Desbordes-Valmore	Contes, 2 vol	168-169
24	Id.	Les poésies de l'enfance	167
25	Chanoine Schmid	Petits contes	965
26	Id.	Œuvres choisies	529
27	Madame Z. Carraud	La petite Jeanne ou le devoir	633
28	Id.	Maurice ou le travail	673
29	Id.	Métarmorphoses d'une goutte d'eau, etc.	548
30	Vicomte de Pitray	Le château de Pétaudière	689
31	Madame Dupuis	Daniel Hureau	670
32	Id.	La Merlette	671
33	Madame de Ségur	L'auberge de l'ange gardien	654
34	Id.	Pauvre Blaise	653
35	Id.	Un bon petit diable	652
36	Id.	La sœur de Gribouille	651
37	Id.	Les malheurs de Sophie	650
38	Id.	Le général Dourakine	649
39	Id.	Mémoires d'un âne	575
40	Eugène Nyon	Claude la Ramée	746
41	Farine	Jocrisse soldat	747
42	Laboulaye	Contes bleus	744
43	Stahl	Les histoires de mon parrain	736
44	Xavier de Maistre	Les prisonniers du Caucase. La jeune sibérienne (in-16)	526
45	Elie Berthet	L'enfant des bois	579
46-47	H. Conscience	Le pays de l'or. Le chemin de la fortune, 2 vol	630-631
48	J.-M. Gaulle	Au coin du feu	558
49	M. de Saint-Joseph	Eloi ou le jeune artiste	559
50	Anonyme	Odette	560
51	Madame Marie Mallet	Eugène et Céline	561
52	Comtesse de Chabannes	Un ange tutélaire	562
53	Rosary Eugène	Ma grand'mère	563
54	Victor Delcroix	Le conseil et l'exemple	564
55	Mademoiselle Brun	Bonté du cœur et jalousie	565
56	Mademoiselle Nottret	Clarisse, etc.	566
57	Madame de Witt	Recueil de poésies pour les jeunes filles	1210
58	Joigneaux	Conseils à la jeune fermière	324
59	H. Fabre	Le ménage	325
60	Lhomond	Éléments de grammaire française	54
61	Fénelon	Fables (in-16)	905
62	J. Verne	Un hivernage dans les glaces	553

FORMAT IN-8°

1	Chavannes de la Giraudière	La ferme modèle	175
2	Elie Berthet	Les petits écoliers dans les 5 parties du monde	780
3	Hayes	Perdus à travers les glaces	1119
4	Thècle de Gumpert	Le monde des enfants	1095
5	G. Fath	Le Paris des enfants	1131
6	Fleuriot	La petite duchesse	1132
7	Baker	L'enfant du naufrage	1202

TABLE

1re PARTIE
Sciences morales et politiques
(SÉRIES 1-5)

	PAGES
Séries 1 et 2.— Etudes philosophiques, sociales et politiques	3
Série 3.— Législation	4
Série 4.— Enseignement	4
Série 5.— Economie politique, privée, rurale, industrielle et commerciale	6

2e PARTIE
Histoire et Géographie
(SÉRIES 6-15)

Série 6.— Etudes diverses, générales, universelles; religions, mythologies	7
Série 7.— Temps antiques	8
Série 8.— Moyen-Age et temps modernes	9
Série 9.— Histoires de France générales	9
Série 10.— Epoques diverses de l'Histoire de France. Episodes, Biographies nationales	10
Série 11.— Peuples étrangers : Histoires ; épisodes ; hommes illustres	13
Série 12.— Traités de Géographie	14
Série 13.— Voyages d'exploration. Voyageurs et Marins	15
Série 14.— Mœurs, coutumes, institutions	16
Séries 13 et 14.— Format in-8° des séries 13 et 14	17
Série 15.— Scènes et récits	19

3e PARTIE
Sciences, Arts, Industries
(SÉRIES 16-29)

Série 16.— Notions générales sur les sciences, les arts, l'industrie. Manuels	20
Série 17.— Cosmographie	21
Série 18.— Géologie. Minéralogie. Géographie physique	21
Série 19.— Botanique	23
Série 20.— Zoologie	23
Série 21.— Physiologie et Hygiène	24
Série 22.— Physique. Météorologie. Chimie	25
Série 23.— Connaissances utiles, diverses, etc.	25
Série 24.— Application des découvertes scientifiques	26
Série 25.— Savants	27
Série 26.— Agriculture et Horticulture	27
Série 27.— Arts, Industrie, Métiers, Artisans, Commerce	29
Série 28.— Art militaire	30
Série 29.— Beaux-Arts, Artistes, Dessin, etc.	31

4e PARTIE
Littérature
(SÉRIES 30-38)

Série 30.— Littérature française, Recueils, Histoire et Critique, etc.	32
Série 31.— Œuvres de la Littérature française ; Poésie et Prose	33
Série 32.— Théâtre français	35
Série 33.— Nouvelles, Contes, Romans français	36
Série 34.— Nouvelles, Contes, Romans suisses, alsaciens, belges	42
Série 35.— Nouvelles, Contes, Romans anglais	43
Série 36.— Nouvelles, Contes, Romans américains	45
Série 37.— Nouvelles, Contes, Romans de peuples divers	47
Série 38.— Littérature des peuples étrangers	48

5e PARTIE
Ouvrages divers
(SÉRIES 39-40)

Série 39.— Conférences, Discours, Ouvrages divers, Mélanges	49
Série 40.— Collection d'ouvrages plus particulièrement destinés aux enfants	50

www.ingramcontent.com/pod-product-compliance
Lightning Source LLC
LaVergne TN
LVHW021701080426
835510LV00011B/1522